SENTINELLE, PRENDS GARDE A TOI.

L. P. DUFOURNY.

PARIS! fentinelle de la liberté, toi qui veilles fans ceffe pour conferver l'unité, l'indivifibilité de la République; toi qui, premier objet de toutes les haînes & première victime de toutes les confpirations, fidèle à tes principes, fidèle à tes fermens, combattras & fouleras aux pieds tous les fédéralistes & tous les tyrans.

Immortelle cité! toi qui, au 31 Mai, lorfque la Repréfentation nationale, dévorée du poifon du fédéralifme, alloit périr, la fauvas de fes propres convulfions; qui, par la feule manifeftation de ton dévouement & fans aucune effufion de fang, rendis à fa partie faine cette énergie qui lui fit rejeter le levain mortifère, furmonter l'oppreffion & étouffer le fédéralifme, *veilles! furveilles!*

Parifiens! que les dangers qui menacent fur-tout aujourd'hui la Convention & les patriotes, que les intrigues des fédéraliftes pour réhabiliter leurs complices, pour reporter parmi les Repréfentans des hommes au moins incapables, pufillanimes & fufpects, pour immoler d'excellens citoyens, pour déchirer les faftes du 31 Mai, pour flétrir votre gloire, pour amener enfin, par l'aviliffement, la division & la diffo-

A

lution de la Convention, qui ne feroit remplacée que par un congrès ou un fénat fédéralifte, & enfin par l'anarchie, difparoiffent encore devant votre imperturbable dévouement à maintenir l'unité & l'indivifibilité de la République.

Quoi donc! toute la France exécrant le fédéralifme, a confacré ce grand jour (le 31 Mai!) par fes adreffes unanimes de félicitations! Quoi! Parifiens, avec tous les hommes libres vous venez d'en célébrer l'anniverfaire! Quoi! l'airain des trompettes de l'hiftoire l'a proclamé en tous lieux, l'airain de fes tables éternelles en eft illuftré, il ne manque plus à fa gloire que l'érection d'un monument & des fêtes publiques; & cependant des hommes trop heureux d'être encore impunis & d'avoir atteint l'époque d'une clémence trop souvent immodérée, ont l'audace de demander, non pas amniftie, mais un triomphe! de renouveler leur attentat, de s'élever encore avec le titre primitif de leur rébellion, & de retracer, par une coalition coupable, la coalition pour laquelle ils ont été eftimés indignes de leurs fonctions: ils ofent évoquer, reffufciter le fédéralifme, & ils font enfin appuyés par ceux des Députés qui, dès cette époque, partageant l'indignation publique, auroient dû partager auffi leur interdiction. C'eft ainfi, Citoyens, que tous juftifient dans leur témérité que les confpirations actuelles & les confpirations à venir, ne peuvent être formées que de ces reftes épargnés des confpirations précédentes, ainfi que par ces gladiateurs de toutes les caufes, dont les confpirateurs nouveaux ont grand foin de recruter les bandes. De même que les débris de *Lafayette* engendrèrent *Dumourier*, *Briffot*, *Roland*, *la Gironde*, le fédéralifme enfin: de même, par une fubftitution héréditaire & perpétuelle de l'inépuifable boîte de Pandore, la dictature qui ne peut s'élever qu'au milieu de la misère, de la pefte, des cadavres, de la guerre, des ruines & des tombeaux, & à la faveur de l'anarchie, s'eft fait précéder par les auteurs & les propagateurs de la *Vendée*, par les infâmes fcélérats qui ont entretenu cet *ulcère* machiavélique; par ces *Hébertiftes*, ces *Vandaliftes*, deftructeurs des arts, des fciences, des favans, des artiftes, des bibliothèques & des monumens; par ces ogres qui, retranchés dans les comités du gouvernement comme dans des citadelles, aviliffoient, comprimoient, paralifoient la Convention, & la replongeoient dans la léthargie où elle étoit avant le 31 mai, lorfque les Parifiens la défendirent, la délivrèrent & la fauvèrent.

Les pervers, quelqu'oppofés que foient leurs fyftêmes, quelque différent que foit leur but, font toujours unis pour nuire, troubler, détruire, égorger; leur cri de ralliement eft toujours *le mal d'autrui premièrement*, & ils ne fe divifent que lors du partage : ainfi les *Hébertiftes*, les *Roberspierriftes*, les *Vandaliftes*, les anarchiftes, les noyeurs & les égorgeurs ne font plus qu'un; ainfi les modérés s'uniffent aujourd'hui avec les ogres pour paroître de vigoureux révolutionnaires; & les ogres avec les modérés, pour paroître humains & juftes; ainfi les buveurs de fang, pour fauver leurs têtes, s'efforcent de neutralifer la Convention en y fortifiant le modérantifme; ils voudroient y rappeller les 73 rebelles, afin de s'en faire des défenfeurs contre cette juftice éternelle qui, par la voix du peuple, les fomme de comparoître à l'inftant pour éprouver l'opprobre de la conviction, & fubir le trop foible châtiment qui les attend.

Il faut aux hommes de fang, pour les fauver, oui, il leur faut, fous peu de jours, ou le fédéralifme, ou une infurrection, ou *Louis XVII* fur le pavois, ou l'avilifſement deſtructif de la Convention. Eh bien! Pariſiens, j'en ſuis garant, ils n'obtiendront rien ni de la ruſe, ni de leurs fureurs, ni de la féduction, ni de l'ignorance, ni de la miſère : d'une part, vous maintiendrez juſqu'à la mort l'unité & l'indiviſibilité nationale ; vous voterez avec toute la France pour que la pureté des membres de la Convention aſſure, accroiſſe cette confiance qu'aucun reſpect, qu'au-cune indulgence politique ne peut ſuppléer, & que la vertu ſeule a droit de commander ; & d'autre part, vous reſterez dans ce calme qui déjoue toutes les conſpirations, mais en veillant plus exactement ſur ce dernier *excrément* des rois ; votre énergie vous rendra toujours dignes du 31 Mai, & vous continuerez de manifeſter votre dévouement ſolemnel au ſeul gouvernement démocratique, & à la ſeule dictature de la Juſtice & de la Loi.

Je le répète, les conſpirateurs actuels ſont, d'une part, les fédéraliſtes, car ils appuyent les 73 ; & puiſ-qu'ils blaſphêment contre le 31 Mai, ils ſont les enne-mis des Pariſiens ; &, d'autre part, leurs alliés ſont les ogres & les buveurs de ſang, car redoutant l'inflexibilité du Tribunal révolutionnaire, ils ont voulu le détruire ou le changer lors du commencement de l'affaire des Nantais ; ils le veulent encore changer avant l'affaire de *Fouquier-Tinville*, &, dans leur fourberie, ils l'accuſent à la fois d'être ſi modéré que la guillotine ſe rouille & *ne bat plus monnoie*, & d'être ſi ſévère & ſi pénétrant pour remonter à la ſource première de tous les crimes, qu'il n'y aura plus d'inviolabilité, plus de privilége pour les criminels du pre-mier ordre : & c'eſt ainſi, Citoyens, que ces atroces ma-chiavéliſtes, ces impies, indignes d'être Repréſentans, après

avoir fouillé la Révolution par des forfaits énormes, après
avoir hélas! naturalifé le crime fur le fol de la liberté,
traîtres à la Patrie, traîtres à la morale, prétendent que
les crimes étoient néceffaires, & qu'ils ofent profeffer
la barbarie au milieu d'un peuple de frères qui chantent
en s'embraffant enfin: IL N'EST D'HOMME LIBRE
QUE L'HOMME JUSTE.

Les criminels aggreffeurs du 31 Mai difent qu'il y avoit
alors des confpirations, qu'il exiftoit le deffein de détruire
la Convention; en effet ils étoient eux-mêmes ces confpirateurs, leurs projets étoient tels, ils étoient bien connus, je les avois dénoncés, mais à un Comité auteur de
la Commiffion des douze.

Il y avoit des confpirateurs qui préparoient des mou-
vemens! & ne fait-on pas que dans tous les grands événemens de la Révolution, les ennemis de la liberté fe mê-
lant dans les rangs, ont cherché à leur donner une direction
funefte; mais que la Providence qui a dirigé tous les événemens, le courage des patriotes & la prudence des
Parifiens ont tout déjoué?

Il y avoit des confpirateurs! c'étoit donc un devoir de
plus pour les patriotes de fe lever, de s'armer pour dé-
fendre la liberté, pour contenir fes ennemis, quels qu'ils
fuffent, ou la Convention & la patrie étoient anéantis par
le fédéralifme. Les patriotes, les Parifiens l'ont fait; on les
accufe: PÉRISSENT LEURS CALOMNIATEURS!
HONNEUR AU 31 MAI! SALUT ET CONFIANCE
A LA CONVENTION! VIVE LA RÉPUBLIQUE
DÉMOCRATIQUE!

Il y avoit au 31 Mai des confpirateurs! mais quel eft
celui des immortels décrets qui n'ait eu le confentement,

A 3

au moins apparent, de quelque Député perfide ? Combien de conſpirateurs & de fourbes ont, par exemple, voté contre *Louis XVI ?* combien encore aujourd’hui ſe ſervent de ce vœu politique pour ſurprendre la confiance des patriotes ? Non, non, impoſteurs, ce n’étoit point pour établir le gouvernement démocratique que vous abattiez le tyran, c’étoit pour ſervir votre ambition ; il falloit bien, pour établir la dictature, détruire ſon autorité, comme depuis vous uſurpiez même celle du Peuple ; il falloit bien, pour monter au trône, le faire vaquer.

Dès l’origine des Départemens, le fédéraliſme avoit germé ; la cour, trompant le Peuple par cette reſtitution ſimulée d’une autorité qu’elle ſe flattoit de reſſaiſir, avoit cru cette diviſion départementale utile à ſon deſpotiſme ; mais le fédéraliſme, engendré par l’ambition locale, étoit devenu l’ennemi de la royauté, & il contribua beaucoup à la chûte du tyran. Il ne faut donc pas s’étonner ſi tant d’intrigans, ſi les fédéraliſtes ſe trouvent munis de cette arme à deux tranchans, leur vœu pour la mort de *Capet*, s’ils étoient les conſpirateurs au 31 Mai, & s’ils ſont encore aujourd’hui les ennemis des Pariſiens SAUVEURS DE LA PATRIE.

Il y avoit au 31 Mai des conſpirateurs & leurs agens ! Oui ſans doute il y en avoit, tels que *Guſman* & quelques autres hommes de ſang ; je mettois mon devoir à les reconnoître, à les ſignaler, à les écarter : pluſieurs le furent, & j’y concourus. Ce fut alors que le triomphe du patriotiſme fut aſſuré. Lorſque la criſe fut complète, veillant encore ſur les hommes ſuſpects, & craignant que des hommes de ſang ne réuſſiſſent à continuer par des troubles coupables l’action révolutionnaire, déſormais inutile, puiſ-

que juſtice étoit obtenue & que la Convention étoit libre ;
craignant, avec raiſon, que les pouvoirs délégués momen-
tanément par le peuple ne fuſſent avilis ou perfidement
exercés par une dictature qui n'attendoit plus qu'un dictateur, je pourvus à une nouvelle convocation du peuple
qui, ſupprimant le Comité central révolutionnaire, le
remplaça par un Comité de Salut public pour le Départe-
ment ; cela eſt ſi vrai que *Robeſpierre*, ce dictateur qui
toujours dans la couliſſe attendoit le ſuccès du jeu de
quelque machine pour s'élancer ſur le trône & n'être,
l'inſenſé ! qu'un ſouverain de théâtre, m'a fait le reproche
aux Jacobins, le 16 Germinal dernier, lorſqu'il vint en
guet-à-pans m'aſſaſſiner avec *Vadier*, *Couthon* & conſorts,
m'a fait, dis-je, le reproche *d'avoir alors entravé le mouvement populaire.*

Tout nous manifeſte, Citoyens, que le fédéraliſme ſera
toujours le plus grand des périls auxquels la France ſera
expoſée. Aucun homme en effet ne pouvant par les reſ-
ſources de ſon propre génie faire taire toutes les autres
ambitions ; formera d'abord un grouppe de tous les pré-
tendans ſous le nom reſpecté de dictature nationale ; & par
là terreur, & par l'impunité, & par l'or & par l'influence,
il aura collectivement des ſuccès rapides ; mais l'égalité ne
peut diriger long-tems les ambitieux & les traîtres ; ils
voudront morceler le territoire, ils fédéraliſeront & ils ſe
diſputeront pour le partage. Alors les plus coupables dé-
nonceront, les moins adroits ſuccomberont, les forfaits
ſe précipiteront ſans plan ni meſure, & la Nation effrayée
du gouffre où on l'entraînoit, recueillera les traces des
complots pour ſe préſerver de pareille cataſtrophe. Faites-le,
Citoyens, aujourd'hui. Voici ce que des faits certains, liés

par quelques conjectures, vous apprennent sur la dernière conspiration.

Le projet étoit de n'éclater qu'après avoir achevé de détruire les patriotes énergiques ; qu'après avoir mis dans toutes les fonctions publiques des fourbes, des lâches, & sur-tout des fédéralistes ; qu'après avoir fait rentrer dans la Convention les 73 ; qu'après avoir fait le procès au 31 Mai ; & alors, la saison s'avançant, les Alpes étant occupées par les neiges, Marseille se révoltant, les Anglais y accourant du port de Gênes, l'armée d'Italie privée de ses communications, coupée dans sa retraite, auroit succombé sous quelque trahison (les tyrans y avoient leurs agens) ; le Midi se seroit détaché du Nord presque sans efforts ; la foiblesse auroit sanctionné le morcellement général ; les Députés, forcés de se retirer respectivement, auroient *souverainisé* individuellement les départemens ; le danger les auroit réunis ensuite contre les ennemis du dehors par une ligue défensive, une véritable fédération ; & pendant tous ces débats, les Princes coalisés auroient enlevé le fruit de tant de sacrifices, de vertus, de courage & du sang des héros ; la Déclaration des Droits auroit été déchirée ; la tyrannie & l'esclavage auroient repris racine, & ces canons, ces poudres que les patriotes ont faits avec tant de zèle pour la défense de la liberté, & auxquels les fédéralistes ne contribuoient que dans l'espoir de les tourner un jour à leur profit, n'auroient servi qu'à immoler les hommes libres, & l'on auroit dit à jamais : *Il n'existoit donc plus alors un Parisien du 31 Mai !* Tels sont les maux dont la jalouse rivalité des usurpateurs vous a délivrés au 9 Thermidor. Réduits à anticiper le dernier acte de leur conspiration, ils ont tenté la révolte, & en même tems un mouvement prématuré a été tenté à Marseille par leurs complices. Tout a été étouffé, *mais*, je le répète, *tout peut renaître*, si les patriotes se taisent en ce moment. Non, sans doute, ils ne se tairont pas; il existe encore des patriotes du 31 Mai; ils se montreront, ils ne souffriront pas que l'on dise : Une nouvelle population, une race de lâches dominée par ces méprisables modérés que les maisons d'arrêt ont revomis indiscrettement, & qui dirigent l'opinion publique, a pris la place des conquérans de la liberté & des défenseurs de la Représentation nationale ; ils ne souffriront pas que la Convention soit avilie ; sentinelles vigilantes, ils l'avertiront sans cesse de ses dangers & de ceux de la patrie, & ne souffriront jamais que l'on réalise cette prédiction, cette insolente malédiction d'*Isnard* : *Le voyageur incertain cherchera sur les bords de la Seine le lieu où fut Paris.*

Vous attendez, sans doute avec impatience, la publicité de ces faits, que l'on annonce être consignés dans un registre mystérieux; de ces anecdotes qui doivent révéler toutes les intrigues & faire connoître tous les conspirateurs; mais quelle foi peut être ajoutée à des récits rédigés sous les yeux, sous l'influence, sous la puissance & sous la plume des fédéralistes, annoncés par des fédéralistes défenseurs officieux des 73 fédéralistes, inventés ou défigurés par ces hommes de sang, ces fabricateurs ou soustracteurs de pièces, ces menteurs & ces fourbes qui avoient fondé le gouvernement sur le crime, sur la terreur pour la vertu, sur l'injustice & sur l'assassinat ? Quelle foi peut-on enfin accorder à ceux qui n'ont pas osé les produire, pour confondre ces victimes qu'ils ont immolées dans les tribunaux; ces victimes qui, mises en jugement, deman-

doient, mais hélas ! en vain , que leurs ennemis compa-
ruffent , [& auxquelles ces mêmes hommes, leurs adhérens,
fermoient la bouche en les faifant mettre hors des débats ,
afin d'étouffer la vérité dans leur fein & de la noyer
dans leur fang?

Que ces mémoires deftinés à empoifonner un jour l'hiftoire & à tromper les contemporains mêmes , lorfque la
guillotine auroit eu dévoré les principaux anti - fédéraliftes, les plus zélés patriotes du 31 mai , paroiffent donc
à l'inftant pour fubir une difcuffion rigoureufe. Qu'ils
ceffent de ramper dans l'obfcurité comme des mémoires fecrets : des mémoires fecrets ! ils ne peuvent exifter, ils ne
peuvent obtenir confiance que fous le régime de la tyrannie;
mais fous une République, ils font ou un outrage à la
liberté , ou l'ouvrage de l'ignorante pufillanimité , ou
l'atroce tiffu d'impoftures par lefquelles les traîtres tentent
d'échapper à leurs contemporains & de fe réhabiliter
auprès de la poftérité ; ou enfin ils font le réfervoir im-
menfe de la calomnie, dont les fcélerats, muets en préfence de la vertu , tournent les robinets fur la foffe de
l'homme de bien qu'ils ont égorgé. Non, non, de pareils
recueils ne peuvent être l'ouvrage d'aucune autorité publique; qu'ils foient donc à l'inftant imprimés fans alté-
ration , afin que les fabricateurs de calomnies pofthumes
foient parfaitement connus, & que ces monftrueux ennemis
du 31 Mai, ces affaffins de la gloire des patriotes, foient
eux-mêmes traînés fur la claie de l'opinion publique !

Pleins des alarmes de la plus vive follicitude, vous agitez
foit dans vos affemblées, foit dans les fociétés populaires,
la grande queftion de la garantie de la Repréfentation
nationale, & vous diftinguez, conformément aux principes,

l'inviolabilité de la Convention, du privilége que prétendroit chacun de ses membres de commettre des crimes & de l'avilir par son impunité ; alors, glorieux d'être les senti-nelles de la République & d'être au centre de l'unité, vous vous écriez : Français ! nous défendrons jusqu'à la mort la Représentation nationale contre ses ennemis exté-rieurs, & notre infatigable surveillance, non moins alarmée sur son inviolabilité morale, écho de l'esprit public, lui dénoncera sans exception tous les fédéralistes & les traîtres qui pourroient souiller son sein. Mais déjà l'opinion pu-blique, remontée sur son tribunal, répare le long & honteux silence qu'elle garda sous les tyrans & leurs serviles com-plices ; elle réclame leur punition, & nonobstant toutes mesures dilatoires & évasives, nonobstant même le bouclier de l'inviolabilité, elle prononcera du moins leur infamie, & certes aucun individu, quel qu'il soit, n'osera dire, au moment où l'opinion publique lui aura justement retiré la confiance : « Je serai malgré toi ton organe ». Quoi donc ! l'opinion publique va jusque dans la république des morts chercher parmi les incorruptibles l'infect Mirabeau, & elle ne pourra pas garantir la Convention du supplice affreux de Mézence ; il faudroit qu'à jamais la vertu nageât dans le crime, & qu'attachée sur des cadavres, elle expirât len-tement & digne à tous égards & de honte & de pitié. Quoi ! les 73 échappés du Lazaret, où la bienfaisance, où la compassion nationale les avoit relegués, viendroient en se glorifiant, en se parant encore de leurs bubons de fédé-ralisme, porter la peste au sein de la Convention, ils deviendroient inviolables ! & feroient la contre-révolution ! Non, non, vous jetterez un regard observateur sur les événemens arrivés depuis le 9 Thermidor, vous verrez les buveurs de fang fe retrancher dans les Jacobins, &, comme une armée vaincue qui fe jette dans une place forte, contraindre les plus paifibles citoyens à partager les dangers & les misères d'un fiége, abufer de leur foibleffe & de leur erreur, leur apporter toutes les contagions & tous les fléaux, les avilir par leur préfence, & les priver, mais feulement pour un tems, de cette confiance, de cette correfpondance, de cette heureufe influence par lefquelles les Jacobins & les Sociétés populaires entièrement indépendantes ont véritablement fondé la République fur les principes, & l'ont foutenue par leur furveillance; vous les verrez s'oppofer à la liberté de la preffe, crier contre la calomnie par le feul effroi de la vérité; vous les verrez encore, pour échapper aux fouets vengeurs, crier qu'il ne faut pas s'occuper des individus, mais de la chofe publique; vous entendrez le fenfible *Collot* prêcher ou plutôt *jouer* la morale, & fe targuant de fon royalifte père *Gérard*, prétendre avec une férule faire oublier les canons à mitraille, appeller à la vértu la génération naiffante, ou plutôt la faire fuir & réveiller les gardiens en criant: *C'eft moi qui mis Guillot berger de ce troupeau*; vous les voyez enfin tenter de faire taire jufqu'aux indices de leurs crimes, en demandant contre les dénonciateurs la peine du talion. L'innocence n'a befoin que d'être écoutée pour être reconnue; tant de précautions feroient ou une infulte faite au bon fens, à l'équité du peuple, ou un aveu formel de leurs crimes. Qu'ils tremblent, les coupables! ils ne peuvent échapper; les vrais Jacobins bloqueront leurs repaires: les bons citoyens les jetteront par les crenaux, & les Sociétés définfectées, fe relevant dans la confiance générale, feront plus puiffantes pour appuyer les principes démocratiques de la Convention.

Telle est leur glorieufe deftinée ; elles continueront de la remplir, & les Français ne fouffriront jamais que ces infâmes Cyclopes qui ont forgé les foudres avec lefquelles les Titans écrafoient la vertu & mutiloient la liberté, ofent élever des paratonnères contre l'inexorable juftice célefte qui les appelle.

Les 73, les fédéraliftes, leurs défenfeurs, tous les malveillans & leurs dupes difent : Ou ils font coupables & il faut les juger, ou ils font innocens & il faut qu'ils rentrent dans leurs fonctions.

Les patriotes répondent : Le fédéralifme eft le plus grand ennemi de la République, il fut vaincu au 31 Mai ; vous attaquâtes le 31 Mai comme attentatoire à la Nation & l'ouvrage d'une faction. La République entière s'eft déclarée elle-même former cette prétendue faction ; vous futes traités en prifonniers de guerre ; vous ofez vous révolter encore contre la volonté générale, infulter les fauveurs de la patrie, braver la générofité nationale en défiant le fupplice & en propofant audacieufement l'option entre votre mort & notre confiance ; vous n'aurez ni l'un, ni l'autre. A peine des hommes juftes peuvent-ils vous épargner lorfqu'ils ont puni vos chefs ; mais la Convention n'a pas le pouvoir de rendre la confiance à des fédéraliftes, elle fouleroit aux pieds le ferment de toute la France ; & fédéralifte elle-même, elle perdroit la confiance.

Tout filence dans ces circonftances feroit criminel : choififfez donc, Parifiens, & demandez

Ou qu'Ifnard foit rappellé, qu'il préfide de nouveau l'Affemblée ; que le procès foit fait par tous les Départemens à celui de Paris ; que cette ville déclarée factieufe au 31 Mai, menaçant, opprimant & violant la Repréfentation natio-

nale, soit mise hors la loi, effacée des rives de la Seine, & que le voyageur incertain en cherche en vain les vestiges ; que les Briffot, Vergniaud, Guadet, &c. soient déclarés les martyrs de la liberté & portés au Panthéon, d'où on expulsera Marat ; que les 73 rendus libres, rétablis en triomphe dans les fonctions de Représentans & convertis en jury d'accusation, préludent par le procès du 31 Mai au procès à faire à la Convention & à toute la France. Votez enfin, si l'un de vous l'ose sans être à l'instant frappé de mort, le fédéralisme & la banqueroute, car c'est la même chose ; faites enfin la contre-révolution.

Ou bien demandez à l'instant, demandez solemnellement avec ce grand caractère, avec ce dévouement qui en a tant imposé aux factieux, que la Convention déclare :

1°. Que le serment de toute la France étant de maintenir l'unité & l'indivisibilité de la République, elle a unanimement approuvé & béni les grands événemens des 31 mai, 2 & 3 juin ;

2°. Qu'à cette époque les Citoyens de Paris & leurs Autorités constituées ont, par leur fermeté & leur prudence, ont manifesté aux Députés patriotes qu'ils défendoient l'unité nationale contre la conspiration des fédéralistes, & qu'ils ont à jamais bien mérité de la patrie ;

3°. Que les 73 & tout Français qui a fait des protestations contre ces événemens, ou même des déclarations improbatives, est un fédéraliste, un homme résistant à la volonté nationale, indigne de toute confiance & fonctions.

4°. Que tout homme qui aujourd'hui attribue ces événemens glorieux & libérateurs à des factions, veut ressusciter lui-même la faction des fédéralistes dont il se rend complice, fortifier l'hypocrite modérantisme, faire le procès à la ré-

volution, amener la guerre civile, le morcellement de la République, la diſſolution de la Repréſentation nationale & la banqueroute, & ſera retenu comme ſuſpeſt.

5°. Que tous les hommes étant égaux aux yeux de la loi, il ne peut exiſter aucun privilége, aucune diſpenſe pour un Député dont le témoignage eſt invoqué au Tribunal révolutionnaire, de s'y rendre à l'inſtant pour acquitter le premier objet de ſa miſſion, ſauver l'innocent & confondre l'ennemi du Peuple, quel qu'il ſoit.

6°. Qu'en mémoire du plus grand des événemens de la révolution, après le 10 Août, il ſera célébré, tous les ans, la deſtruction du fédéraliſme au 31 Mai.

7°. Qu'il ſera élevé un monument dans la partie du Jardin national, vers le petit baſſin du nord.

Vous allez, Citoyens, ſauver la patrie ; mais en le faiſant n'oubliez pas que les ennemis du 31 Mai, les fédéraliſtes & les buveurs de ſang veulent ſe venger de la Convention, la détruire en l'entourant de troubles & de dangers, tout perdre, tout diſſoudre plutôt que d'aller au ſupplice. Ainſi vous n'employerez que la toute-puiſſante force de l'opinion, & vous ne vous armerez jamais que pour maintenir l'ordre, exécuter les loix, aſſurer la juſtice & ſervir de bouclier à la Repréſentation nationale, au nom de toute la République, dont vous êtes la première ſentinelle.

L'Homme libre,

L. P. DUFOURNY.

Paris, le 10 Brumaire, an 3ᵉ de la République Françaiſe.

De l'imprimerie de BALLARD, rue des Mathurins.